Françoise Sagan

Bonjour New York

Françoise Sagan
Bonjour New York

Aufwachen an den schönsten Orten der Welt

Mit dreizehn Fotos

Aus dem Französischen
von Carina von Enzenberg

SchirmerGraf Verlag
München

Die Originalausgabe dieser Zusammenstellung erschien 2007 bei Éditions de L'Herne in Paris.

ISBN 978-3-86555-061-3

Published by arrangement with Éditions de L'Herne care of Agence littéraire Pierre Astier & Associés

Umschlagmotiv: *Françoise Sagan am Strand von La Ponche, Saint-Tropez* (1954), porträtiert von Willy Rizzo (© Willy Rizzo)
Gesetzt aus der Berthold Caslon
Satz: Uwe Steffen, München
Druck und Bindung: CPI – Ebner & Spiegel, Ulm
Printed in Germany

www.schirmer-graf.de

Inhalt

Vorwort

von Denis Westhoff

Für Nathalie

Ich bin glücklich darüber, zu einer neuen Publikation bislang unauffindbarer oder vergriffener Texte meiner Mutter beitragen zu können. Schon zu lange waren ihre Schriften gewissermaßen zum Stillstand gekommen, wie ein Herz, das plötzlich aussetzt und das ich zu neuem Leben erwecken wollte. So wie Françoise Sagan sich früher glänzend darauf verstand, mehrere Generationen von Lesern zu berühren, so scheint mir heute, als habe ihr Werk keinerlei Staub angesetzt, als sei es noch so zeitgenössisch und frisch wie eh und je.

Obwohl sie immer ein ausgesprochener Landmensch war, weil sie ihre

Kindheit auf dem Land verbracht hatte, liebte Françoise Sagan die Stadt. Alles daran faszinierte sie: die Geräusche, die Lichter, das tägliche Treiben, die Gegensätze, die Tag und Nacht voneinander trennen. Sie mochte es, wenn sich abends die Straßen leerten, die Ruhe zurückkehrte, Raum und Zeit ihr erneut zur Verfügung standen. Manchmal setzte sie sich noch spät nachts in ihr Auto und fuhr mehr oder weniger ziellos durch Paris, das sich ihr nun vorbehaltlos darbot. Manche dieser flüchtigen Momente hielt sie sogar auf einfachen Instamatics fest, von denen sie eine beeindruckende Sammlung besaß.

Sie liebte New York. Es war neben Paris die einzige Stadt, in der sie sich vorstellen konnte zu leben. Die Stadt der Gegensätze und der Exzesse, die, wie sie, das Tempo liebte. Ihre erste Reise, auf der sie diese »große junge Blondine, so spritzig und provokant« entdeckt, war 1954. Sie verbringt hier mehrere Wochen, in denen sie sich betören lässt vom schieren Übermaß an Schönheit, an Mitreißendem – doch gleichzeitig ist sie schockiert von der Gewalt, vom Rassismus; insbesondere als sie in den städtischen Bussen ein Schild mit der Aufschrift »Für Schwarze verboten« entdeckt.

1972, als ich zehn Jahre alt war, lud mich meine Mutter zusammen mit ein paar Freunden nach New York ein. Ich war schon vorher in diese »große Unbekannte« verliebt, so oft hatte sie mir von ihr erzählt. Wir stiegen in einem der ältesten und luxuriösesten Hotels von Manhattan ab, im Waldorf Astoria auf der Park Avenue. Am letzten Abend vor unserer Rückreise mietete meine Mutter eine Limousine, mit der wir die

Halbinsel von Manhattan einmal umrundeten; sie wollte, dass wir die verschiedenen Gesichter sahen, die Maske der Schönheit, aber auch die des Elends und der Gleichgültigkeit. Wir fuhren also auf dem West Broadway nach Süden bis zur Wall Street, dem Herzen des Finanzviertels; sodann tauchten die beiden Zwillingstürme des World Trade Center auf, das soeben erst fertig gebaut und schon ein strahlendes neues Symbol am typisch dunkelblauen New Yorker Himmel war. Rechts davon, weiter die Kais hinauf, die West Side: Brachland, verlassene Parkplätze, herumirrende geisterhafte Gestalten am Rand einer Straße voller Schlaglöcher, die unser Auto durchrüttelten. Noch ein Stück weiter, und wir passierten etwas, das wie eine große, tiefe Narbe aussah. Meine Mutter befahl uns, die Fenster hochzukurbeln. Wir waren in Harlem. Nur wenige Blocks von der lichten, heiteren Lebendigkeit entfernt, breiteten sich Elend, Chaos und Verwahrlosung aus und spiegelten unverstellt die Gegensätze dieser Welt wider, die ich, so wollte es meine Mutter, unbedingt mit eigenen Augen erleben sollte.

Paris, Oktober 2007

Bonjour Neapel

Wenn sie ihre Verehrer ausgezehrt hatte, ließ Johanna, die grausamste und wollüstigste Königin von Neapel, sie durch eine Klappe ins Meer werfen. Wenn Neapel seine Touristen ausgezehrt hat, lädt es sie ebenfalls im Meer ab, auf Capri, wo sie die Stadt nicht vergessen können.

Vielleicht ist Neapel wegen dieser berühmten Königin – *»Va, tu sí peggia d'a reggina Giuvanna«* (Du bist ja schlimmer als die Königin Johanna), sagt man hier über ein leichtes Mädchen – in diesem Maß die »Frau-Stadt« geblieben, blond und furchig, die sich mit ihren Rissen schmückt und sich im Rhythmus des tiefblauen Meeres und schmalziger Gassenhauer wiegt, eine Stadt, die wie verrückt geliebt wird. Die Einwohner Neapels sind ihren Reizen vollkommen erlegen. Entdecken sie auf einer Treppenstufe ein Fleckchen Sonnenlicht, strecken sie sich darauf aus, hören sie ein Akkordeon oder einen Leierkasten, folgen sie ihnen und klatschen im Takt. Und schließlich und vor allem: Sehen sie eine Frau, alt oder jung und ohne Begleitung, stürzen sie auf sie zu und bieten ihr mit großer Geste ihre *maquina* (Auto), ihr Boot, ihr Herz, ihren Tag an.

(N. B.: Bestimmt würden sich viele der Herz-Schmerz-Angelegenheiten, die man an den Kummerkasten schreibt, in Neapel auf glückliche Weise lösen lassen.)

In diesem Zusammenhang ist es – vor allem für weibliche Touristen – interessant festzustellen, dass die Legende in diesem einen Fall stimmt: Die Neapolitaner *sind* schöne Menschen. Sie sind von einer manchmal geradezu erstaunlichen Schönheit, die sie der Sonne mit einer Ruhe darbieten, bei der man sich unweigerlich sagt, dass sie sich ihrer in Saint-Germain-des-Prés oder Saint-Tropez nicht lange erfreuen würden. Aber in Neapel bleibt Schönheit ungestraft.

Und wer denkt schon daran, zu bestrafen, außer vielleicht der Vesuv? (Entgegen der Legende [der von Thomas Cook & Co.] qualmt er nicht oder so unauffällig, dass das ungeübte Auge des Parisers es nicht wahrnimmt.) Wenn die Polizisten und Zollbeamten von den Behörden mit einem schwarzen Schnurrbart ausgestattet wurden, dann vermutlich, damit sie etwas zum Zwirbeln haben. Und tatsächlich setzen sie dem heillosen Verkehr von Neapel (französische Autofahrer genießen dort den gleichen Ruf wie die Belgier in Paris) nichts weiter entgegen als ebenso anmutige wie unnütze Gesten, um die sich die *macchinisti* sowieso nicht scheren.

Spätestens am Flughafen wird man sich übrigens der Nichtigkeit der öffentlichen Gewalt bewusst. Zwischen ihm und den asphaltierten, hoch technisierten Flughäfen von Orly oder anderer Städte liegen Welten. Hunde springen an einem hoch, unbehütete Neapolitanerinnen gehen mit ihren Säuglingen zwischen den Propellern spazieren, der unvermeidliche Pope döst auf einem Stuhl vor sich hin, und die Zollbeamten probieren an den Reisenden ihr sentimentales, holpriges Französisch aus. Und im klapprigen Bus sitzend, der einen in einem lang gezogenen, schimmernden Bogen am schwarzen Wasser des Golfs

entlangfährt, bemerkt man alle fünfzig Meter wie sonderbare Grenzsteine eng umschlungene, zärtlich miteinander flüsternde Liebespaare.

Die Straßen sind gelb, überbordend, die Esel, Kinder und Trambahnen sind hier König. Und das Kleingewerbe! Unglaublich, wie viel Kleingewerbe es gibt. Da gibt es den Schuhputzer, den Händler mit den zwei Zitronen, den Klavierschieber, den Führer, der einen zum Hafen bringt, den Führer, der einen ins Museum bringt, den Mann, der einem ein Taxi sucht, den, der es findet, den, der es lenkt, den, der einem den Wagenschlag aufhält, und den, der ihn wieder schließt, während sein Vorgänger einem seine Begleitung für den Tag anbietet und einen dabei *bellissima* nennt – was im Neapolitanischen so viel heißt wie »junge Frau«. Dieses Gewusel und diese unorganisierte Geschäftigkeit so vieler Individuen erklärt sich vor allem durch ihre Liebe zur Straße, auf der das Leben stattfindet, zur Sonne, die immer scheint, und zum leidenschaftlichen Diskutieren. Den Hut auf dem Kopf, sitzen die »Kleinunternehmer« auf Treppenstufen, fachsimpeln über Politik und pfeifen den Frauen hinterher. Diese Fähigkeit zu Müßiggang und Zufriedenheit verleiht ihnen eine Liebenswürdigkeit und Hilfsbereitschaft, wie sie auf der Welt vermutlich einzigartig sind.

Vielleicht sind es diese Eigenschaften, die Neapel, das lang gestreckte, sich ans Meer lehnende Neapel, schon immer zu einer Stadt gemacht haben, die es einzunehmen, zu erobern galt. Die Barbaren, Griechen, Franzosen und Spanier sind über seine Ufer hergefallen. Und als sie es einen Augenblick seinem

Glück und seiner Schönheit überließen, erwachte der Vesuv und deckte Pompeji mit seiner Lava zu. Er hinterließ grauenvolle Szenen, gruselige Abdrücke, überall Asche. In diesem so fröhlichen Neapel, das so offensichtlich fürs Vergnügen prädestiniert ist, herrscht übrigens mitunter eine seltsame Atmosphäre der Verderbtheit und Trauer. In solchen Augenblicken sieht man manchmal eine riesige Karosse aus Glas und schwarzem Holz, die von einem Mann im Frack gelenkt wird. Unter der Glashaube ruht ein Sarg, der in leichtem Trab vor aller Augen durch Staub und Sonne zum Friedhof gefahren wird.

Neapel setzt sich jedoch auch zur Wehr, indem es dafür sorgt, dass sich seine Touristen buchstäblich in Luft auflösen. Zugegeben, hinter dem Verschwinden der deutschen Frauen, der

Schweizerinnen, Engländerinnen und Amerikanerinnen mögen die Neapolitaner stecken; weit schwieriger indes lässt sich der Verbleib ihrer Brüder und Ehemänner erklären. Zu Gesicht bekommt man sie ohnehin nur in den großen Hotels, die sie morgens verlassen, das linke Auge am Objektiv ihrer Kamera, das rechte auf ihren Taschenreiseführer gerichtet; erst gegen Abend tauchen sie wieder auf, ohne dass man ihnen tagsüber ein einziges Mal begegnet wäre. Wenn sie dann wieder auftauchen, sind sie allerdings wütend und beschweren sich über die Bettelei. Auch das Betteln ist eine Art Kleingewerbe, vorbehalten den Greisen und Kindern, die es mit perfekter Gewandtheit und Freundlichkeit ausüben. Wer kein Südländer ist, kann nicht verstehen, was ihr Ansuchen alles beinhaltet: neben Neugier auch das

simple Verlangen nicht nur nach Lire, sondern nach Aufmerksamkeit, sie wollen den Leuten gefallen, mit ihnen sprechen, ihnen etwas vorsingen. Man kann diesem flehenden, melodischen und zugleich ziemlich schauderhaften Italienisch nicht widerstehen.

Neapel, das bedeutet natürlich auch Wäsche vor den Fenstern, farbenfrohe Gassen, neapolitanische Musik aus allen Fenstern, aus allen Autos, selbst beim Friseur, der einem im Takt die Haare wäscht. Die Stadt ist von einem unbeschreiblichen Charme, der bewirkt, dass man gerne schon immer in Neapel gelebt hätte, in einem dieser gelben Häuser, ganz Außentreppe und Balkon, ein Charme, der einen dazu verleitet, sich in die Sonne zu setzen, ein paar Früchte zu stehlen und stundenlang über Nichtigkeiten zu plaudern.

Etwas, das einen zur Abreise drängt, bevor es zu spät ist und man gezwungen ist, für immer hier zu bleiben und den Rest des Lebens damit zu verbringen, mit dem Nichtstun glücklich zu sein.

27. September 1954

Bonjour Capri

Um sechs Uhr abends wird bei Capri das Meer weiß: Gischt schäumt auf dem Wasser, die Strudel füllen sich mit zwanzig verschiedenen Blautönen, kräftigen und zarten. Nach Neapel könnte man sagen: Capri sehen und nicht mehr sterben wollen.

Die Ankunft ist jedoch ein eher abstoßendes Erlebnis. Zusammen mit zehn weiteren Individuen, die vom Schlingern des Vaporetto noch ganz benommen sind, wird man in ein Taxi verfrachtet und in halsbrecherischem Tempo über eine sich in Serpentinen schlängelnde Straße zur Piazza gefahren. Zwischen den Hutfedern der Amerikanerin zur Rechten kann man ein paar Flecken blauen Meers, ein paar Flecken roter Blumen und dann und wann ein entgegenkommendes Fahrzeug ähnlich dem eigenen erkennen. Die Ankunft auf der 200 Meter höher gelegenen Piazza ist ein Albtraum. Zwanzig Reisebusse unterschiedlichster Herkunft haben ihren Inhalt (in Shorts) auf den winzigen Platz gespuckt, der von fünf Cafés eingerahmt wird, von denen zwei gerade in Mode sind (man weiß nie genau, welche). Sehr schnell fragt man sich, was man hier eigentlich tut. Einige fragen sich dies mit solcher Nachdrücklichkeit, dass sie das letzte Boot zurück nehmen. Andere sind zu müde und flüchten sich mit ihrer Enttäuschung ins Hotel. Und am nächsten Tag ist es um sie geschehen.

Regel Nummer eins lautet offenbar: Meide die Massen! Capri besitzt hundert Strände, hundert kleine Buchten, tausend flache Felsen, eine Sonne und ein ebenso wundervolles Wasser. Es besitzt sogar Grotten, in die man, leicht um Luft ringend, vordringt, um an unterirdischen Stränden zu landen, die wie das Wasser grünlich schimmern und wo der Körper eigenartig getönt und unmenschlich aussieht. So hat man sich wohl Marsmenschen vorzustellen. Kurz darauf bekommt man wieder die vergessene Kraft der Sonne zu spüren, denn auf Capri scheint immer die Sonne. Den Inselrhythmus übernimmt man sehr rasch: zehn Uhr aufstehen, Sonnenbad, fünfzehn Uhr Mittagessen in einem der Strandrestaurants. Strände gibt es dreierlei: den menschenleeren Strand, den Strand der Snobs mit Schwimmbecken à la Hollywood und Stars selbiger Herkunft und den Strand zwischen beiden.

Auf allen dreien kann man gegrillten Fisch oder fangfrische Langusten essen. Um sechzehn Uhr fährt man mit einem der »Todestaxis« zum Kaffeetrinken auf die Piazza, die zu gewissen Tageszeiten durchaus erträglich ist, nämlich um sechzehn Uhr, einundzwanzig Uhr und drei Uhr morgens. Man trinkt also einen Kaffee in dem Lokal, das man für das richtige, das wahre, das schicke hält, und legt sich dann erst mal schlafen. Um zwanzig Uhr beginnt das Vergnügen: der Bummel durch Capris orientalisch anmutende weiße Gässchen, das Diner bei Gitarrenmusik und der Abend im »Number Two«. Der glücklose, unerfahrene Tourist probiert die anderen Etablissements aus, in denen er entsetzlich langweiliges folkloristisches Gesinge und Getanze über sich ergehen lassen muss, wohingegen der gewitzte Reisende im »Number Two«

einen außergewöhnlichen Abend erlebt. Dort gibt es nämlich einen Klavierspieler, blond und um die dreißig, der spielt und singt, wie in Paris keiner spielt und singt. Seine Frau sitzt neben ihm – ein schwarzer Schutzengel – und bewegt langsam ihren Fächer. Er trinkt ein Glas nach dem anderen und singt mit trunkener, rauer, wilder Stimme bis vier Uhr morgens. Er heißt Hugo Shannon, lebt sechs Monate in New York, sechs Monate auf Capri und macht nichts als Musik. Und sie nichts, als ihn zu befächeln.

Es gibt auf Capri noch weitere, ebenso berühmte Sehenswürdigkeiten, die ich aber nicht gesehen habe. Die blaue Grotte, an die man nicht herankommt, das Haus von Axel Munthe, das selbst von Weitem scheußlich aussieht, und das auf einem Felsen über dem Meer liegende rote von Malaparte. Es ist nicht zu besichtigen, weil Malaparte nicht mehr dort wohnt; der Magistrat hat ihn zwei Monate zuvor wegen eines allzu bissigen Artikels über die Korruption auf Capri verstoßen. Und dann gibt es noch den Palast des Tiberius. Dieser Kaiser, einer der schönsten der Geschichte, kam nach Capri, um seine unheilbare Schwermut und Grausamkeit zu kurieren.

Außer einem verwüsteten Palast hat er seinen Namen auch einem Berggipfel gegeben, der schwindelerregend hoch über dem Meer aufragt: dem Salto di Tiberio (»Sprung des Tiberius«), von dem er den Unseligen stoßen ließ, der bei ihm in Ungnade gefallen war. Dieser hoffte zweifellos, am Ende seines Falls in all das Blau einzutauchen, das ihm entgegenwogte, doch die Felsen bremsten seinen Sturz. Der Sage nach ging sein Wehklagen in dem des Meeres unter.

429

Dann war da noch Murat, der hierher kam, um durchziehende Wachteln zu jagen – mit Frauen. Und 1918 (als Cook noch nicht so gut organisiert war) gab es auf Capri vor allem eine ausschweifende Gesellschaft, ausschweifend und dilettantisch. Übrig geblieben sind Namen und Geschichten: etwa über die Zirkel verkappter Künstler, die am schönsten aller Meere unter dem schönsten aller Monde griechische Verse rezitierten. Oder über Jacques de Fersen, den Enkel des berühmten Fersen, der in seiner Villa eine Opiumhöhle eingerichtet hatte und eines Nachts darin verschied, als er gerade ein Gedicht rezitierte. Und über die – damals – berühmte Mimi Franchetti, den rothaarigen Vamp, der sich nur in Tunika und in Begleitung einer Kapelle auf der Straße sehen ließ. Ihr verdanken wir, von ein paar Selbstmorden und Anekdoten abgesehen, die Erfindung der Holzpantinen. Und was den Rest betrifft: Die Tuniken wurden von den geblümten Spielhöschen der Amerikanerinnen, die griechischen Verse von *»lovely, wonderful, verboten«* verdrängt. Man fragt sich, was schlimmer ist.

Man fragt sich, was schlimmer ist, man sagt sich, dass das Meer doch überall blau, die Straßen weiß und das Wasser klar sind, und dennoch fühlt man sich auf Capri besser als anderswo. Zum einen ist die Piazza nicht so grauenhaft, wie gern behauptet wird. Zu bestimmten Tageszeiten, wenn alle Welt einander grüßt, ist sie sogar sehr hübsch. Capris Gesellschaft hält zusammen und ist sehr freundlich. Sie besteht aus ganzjährigen Bewohnern, die in der Regel einen Palazzo in Rom oder Neapel besitzen, aber lieber in ihrer Villa auf Capri sind. Diese

Villen sind übrigens zauberhaft, mit erlesenen Möbeln und einem ausgeprägten Sinn für Komfort. Capris Stammgäste sind durch die Bank Maler, Dichter oder Literaten und versammeln sich abends zur Cocktailstunde in einer der Villen. Dann werden unzählige Cocktails getrunken, während in einigem Abstand die Silhouette eines Gitarrenspielers unter freiem Himmel klimpert und singt. Man führt kluge Gespräche über Kunst, und da alle Geist besitzen, sich aber nichts darauf einbilden, verbringt man reizende Abende. Wie alle Italiener sind sie im Übrigen von einer rührenden Gastfreundschaft und Liebenswürdigkeit.

Und schließlich ist Capri eine Insel, was es noch reizvoller macht. Das Telefon funktioniert nicht immer, die Post trifft spät ein, Autos gibt es nur auf der winzigen Straße, Verabredungen sind nie ernst gemeint, die Menschen nie unangenehm. Alles auf Capri dreht sich ums Plaisir. Und mag einem dieses Klischee anfangs auch ein wenig unangenehm sein oder vulgär erscheinen, gewöhnt man sich doch schnell daran. Das Meer ist immer warm, die Sonne heiß, der Kaffee gut, der Fisch frisch, der Taxifahrer gut aussehend, der Sessel bequem. Anfangs macht diese vollkommene Abwesenheit von Widerständen einem beinahe zu schaffen, doch schon bald lässt man sich wohlig gehen. Capri zu verlassen ist sehr, sehr unangenehm: Man sieht, wie die Insel in die Ferne rückt, weiß, dass man nie ein schöneres Meer, ein schöneres Stück Land sehen wird, und hat Angst vor allem, was danach kommt, hinter dem Meer.

4. Oktober 1954

Bonjour Venedig

Keine andere Stadt entspricht so sehr dem Bild, das man sich von ihr macht, keine Stadt enttäuscht weniger. Venedig ist wunderschön, vielleicht zu schön: Man erstickt an seiner Schönheit. Von Venedigs verborgenem Charme zu sprechen ist sehr schwierig, denn es trägt seine Reize offen zur Schau, auf seinen Fassaden ebenso wie auf dem Wasser. »Schön, alt und geschminkt« ist Venedig, grau durch seine Tauben und Gemäuer, grün durch seine Kanäle, rosa durch das Zusammenspiel ihres Widerscheins. Kein Blick auf den Kanal, der nicht wunderschön wäre, kein Palazzo, der nicht von einer prachtvollen Vergangenheit zeugte, kein Kontrast, der nicht dazu angetan schiene, einen zu (ebenso brillanten wie originellen) Redeergüssen zu inspirieren. Dabei hat Venedig dieser Tage gleichsam etwas Unmenschliches. Alles atmet Vergangenheit, und alles entreißt uns dieser fortwährend. In Venedig ringen die Dogen und Cook um die Vorherrschaft: Man sucht Casanova und stößt auf Babbitt, man steigt in die Gondel und wird vom Qualm der *vaporetti* eingenebelt. Es ist ein System ständiger Wechselduschen. Zumal es kein lebendiges Venedig zu geben scheint, zumindest keines, das für sich selbst lebt. Die verschiedenen Gewerbe werden nur für die Touristen in Gang gehalten, die Geschäfte sind nur für die Touristen, die Menschen auf der Straße sind Touristen oder leben von ihnen.

Die einzige Tageszeit, zu der man mit etwas Glück das wahre Venedig erahnen kann, ist zwischen dreizehn und vierzehn Uhr, wenn es selbst für Pilger zu heiß ist: Sitzt man dann, von einer Taube und einer Katze beäugt, auf einem kleinen Platz weit weg von San Marco auf der Terrasse eines Restaurants, stellt man plötzlich fest, wie angenehm die Stille ist, denkt, dass sich das Wasser des kleinen Springbrunnens bestimmt warm anfühlt, dass man auf diesem Platz abends gern ein Rendezvous hätte, zu dem man sich mit klopfendem Herzen einfindet. Und man kommt zu dem Schluss, dass ein Leben in Venedig vielleicht doch erträglich ist. Dass Venedig nicht nur eine Stadt der Vergangenheit ist, die man besichtigen, bestaunen und fotografieren kann, sondern vielleicht auch eine »geschenkte Stadt«.

Es ist ziemlich bequem, über eine Stadt wie über einen Menschen zu sprechen und ihr wie einem Menschen ihre Fehler vorzuhalten. Für den gewissen Dünkel, den Exhibitionismus, der von Venedig ausgeht, lässt sich eine Erklärung finden, und zwar eine überaus romantische: Venedig ist verdammt, denn die Lagune versinkt mit jedem Jahr ein Stück weiter im Meer. Natürlich wird es noch Jahrhunderte dauern (und dieser Ausblick soll den Touristen in spe nicht entmutigen), aber man kann sich bereits das untergegangene Venedig vorstellen. Überall Meer ... Man könnte Venedig deshalb als Schwindsüchtige sehen, die sich, von ihrem letzten Atemzug und ihrem todgeweihten Körper berauscht, den Touristen ebenso an den Hals wirft wie ihren Liebhabern. Diese Erklärung ist zugegebenermaßen ein wenig morbid, zugleich aber recht vorteilhaft, da man so der Vergangenheit des *Guide Bleu* und der Gegenwart der Besucher entkommt und sich in eine ebenso surrealistische wie poetische Zukunft flüchtet.

Man stelle sich vor: das Meer auf dem Markusplatz, verzweifelte Tauben, die nicht wissen, wo sich niederlassen, die Glöckner, die lautlos die bronzenen Glocken läuten. Zuerst werden die Ratten das Weite suchen, dann wird das Wasser die Stufen des Palazzos hochsteigen und in die verlassenen Säle eindringen, es wird die Fresken an den Wänden bedecken und schließlich aus den hohen Fenstern schießen. Mit derselben Langsamkeit, mit der Othello hierher kam, um Desdemona zu holen, wird das Wasser die Stufen des Dogenpalastes emporsteigen und jene Säle fluten, in denen zwanzig Mal das Los der Republik Ve-

nedig auf dem Spiel stand, in denen so viele Menschen sterben mussten und in den Fenstern aufgeknüpft wurden. Auch die Hunderte Kirchen, einschließlich jener, in der Casanova als junger Seminarist sein erstes Gelübde ablegte. Sein einziges übrigens, denn trotz des immensen Erfolgs, den es ihm einbrachte, kam es nicht zum zweiten. Die Angst packte ihn, und er stürmte die Stufen der Kanzel hinunter. Abends dinierte er zu Geigenklängen. Der Ausdruck »zu Geigenklängen dinieren« umschreibt in Venedig nicht allein den Wohlgenuss der Musik.

Denn es gibt auch noch die venezianische Nacht. Die Kanäle sind schwarz, die Paläste in grünliches Licht getaucht, die Gondeln streifen einander geräuschlos. Ab und zu stößt der Gondoliere, über sein Ruder gebeugt wie ein Gemarterter, ein träger Gemarterter, einen heiseren Schrei aus, um sich bemerkbar zu machen, bevor er in einem der schmalen, schummrigen Kanäle um die Ecke biegt. Man beugt sich selbst über das Wasser, es ist still und schwarz, reflektiert nicht das eigene Gesicht. Als sich in vergangenen Jahrhunderten die Venezianerinnen auf die nächtlichen Feste begaben, haben sich bestimmt viele von ihnen in dieser letzten halben Stunde des Waffenstillstands vor dem Eintauchen ins Licht, in die Musik und die Intrigen so übers Wasser gebeugt, um vergeblich nach ihrem Gesicht Ausschau zu halten. Manche sahen hier wohl auch nicht enden wollende Nächte, Nächte ohne Morgen, oder suchten im Wasser nach dem fahlen Antlitz ihres ermordeten Liebhabers. Damals pflegte man sich in Venedig eines Mannes rasch zu entledigen (und vielleicht ist das noch heute so). Das Wasser ist verschwiegen. Und die Gefühle waren leidenschaftlich. Die Gefängnisse sind schrecklich, wovon auch der Name »Seufzerbrücke« kündet, der mittlerweile so abgegriffen ist, dass man seine eigentliche Bedeutung nicht mehr wahrnimmt.

Venedig will zu Fuß erobert werden, das ist allseits bekannt. Das Vaporetto lässt auf sich warten, man wird hineingepfercht, was sehr lästig ist, wenn es voll ist, und das ist in Venedig in elf von zwölf Monaten der Fall (welches der zwölfte Monat ist, darüber streiten sich die Geister). Man muss also zu Fuß durch die engen, gewundenen, mit Früchten, Spiegeln und Blumen vollgestopften Gassen. Die Menschen lächeln, und wenn sie zufällig Venezianer sind, sind sie auch noch schön. Übrigens stößt man immer wieder aufs Wasser, denn man geht über schmale Steinbrücken, stützt sich mit den Ellbogen auf die Brüstung, um den Streit zwischen einem Gondoliere und einer Amerikanerin zu verfolgen oder das Moos und die schwarzen Muscheln auf dem Gestein zu betrachten. Alles ist leichtlebig, schnell. Der Aperitif im Caffè Florian zum Wiegeklang der Wiener Kaffeehausmusik ist übrigens ein Muss. Von dort aus sieht man seltsame Grüppchen über den Platz schlendern, man sieht, wie Filme gedreht werden, man schaut gern zu. Auf den Terrassen des Platzes kochten die Venezianerinnen einst einen Kräutersud, tauchten ihr Haar in das Gebräu und ließen es in der Sonne trocknen, um ihr legendäres Blond zu erzielen. Auch legten sie sich Scheiben rohen Kalbfleischs aufs Gesicht, für einen rosigen Teint. Ab und an schnitten sich ihre Ehemänner und Galane auf dem Platz aus politischen Gründen gegenseitig die Kehle durch. All dies geht einem durch den Kopf, während man einen weißen Wermut trinkt und die Tauben beobachtet, die durch ihre Berühmtheit, gepaart mit der Dummheit ihrer Gattung, entsetzlich selbstgefällig und lästig geworden sind. Ständig laufen sie einem vor die Füße, und wenn sie könnten, würden sie einem die Ohrclips stehlen. Stets findet sich ein weichherziger Geschäftsmann, der sie füttert. Es gibt nur einen einzigen Moment, in dem sie hübsch aussehen, nämlich wenn sie sich in die Mauernischen flüchten, mit dem Grau des Steins verschmelzen und ihr Gefieder an dessen Wärme reiben. Ansonsten wirken sie mit ihrem Herumgewackel einfach nur albern.

Schließlich verlässt man Venedig abends mit dem Flugzeug. Die Lagune ist rot und schwarz, von der Sonne entflammt. Das Wasser ist graublau, ganz langsam verrichtet es sein Werk und nagt am Sand, Korn für Korn. Dort ruht Venedig zuversichtlich in all seiner Pracht.

11. Oktober 1954

FIFTH AVENUE BUILDING
U.S. MAIL
DELIVERY ZONE 10
OFFICES FOR RENT

Bonjour New York

Das Rezept: Man nehme tonnenweise Beton, Eisen, Feuer, Geld und Strom, außerdem ein paar Jahrzehnte. Man akzeptiere Maßlosigkeit, und fertig ist New York, »schön, oh, ihr Sterbenden, wie ein Traum aus Stein«.

Es ist eine *erbaute* Stadt. Keine andere wirkt geplanter, weniger dem Zufall überlassen. Wohlgeordneter Wahnsinn. Die messerscharf gezogenen Avenuen, die über zwei glitzernde Flüsse, den Hudson und den East River, gespannten Brücken, die geraden, eintönigen, diesen Brücken zustrebenden Straßen, die Wolkenkratzer. Prachtvolle Wolkenkratzer, prachtvolle steinerne Dandys, die eine erschreckende Vermessenheit und Unerschütterlichkeit ausstrahlen und deren Schatten sich über den blasierten Häuptern der New Yorker kreuzen. Binnen drei Wochen wird ein Hochhaus mit vierzig Stockwerken hochgezogen, denn die Organisation ist die Königin dieses schönen, monströsen Metallhaufens.

In New York hätten die Titanen des Altertums den allergrößten Spaß. Über das Rockefeller Center steigen, mit geschlossenen Beinen wie die Brücken über die beiden Flüsse springen, mit den berühmten *blocks* Bauklötze spielen und derlei Vergnüglichkeiten mehr. Doch es gibt keine Titanen mehr, nur noch armselige, einen Meter siebzig große Individuen, die verzweifelt versuchen, ihr Werk mithilfe von Autos, Aufzügen und Organisationswut so komfortabel wie möglich zu gestalten.

Sie ist so schön, diese in der Sonne strahlende Stadt, die das Himmelszelt durchstößt und die Flüsse in ihre Schatten taucht, diese Stadt, die wach gehalten wird vom Verkehr und, noch mehr, vom gigantischen Getrampel der New Yorker Menschenmassen.

Kein Bild wird ihr gerecht: New York, dieses Meer, dieser Wald, dieses Abbild menschlichen Stolzes mit seinen zehntausend verzierten, massiven Steinköpfen ist über die von ihm geweckten Assoziationen erhaben.

Ein paar niedrige Häuser am Flussufer erinnern jedoch durch ihren Baustil daran, dass diese sich ständig wandelnde Stadt eine Vergangenheit besitzt, dass Menschen aus allen Erdenwinkeln sich hier niederließen, sei es, um eins der kolossalen amerikanischen Vermögen aufzubauen oder es zu versuchen, sei es, um später die großartige Eroberung des Westens in Angriff zu nehmen. Steht man vor diesen rauchgeschwärzten Backsteinhäusern mit ihrer sich heutzutage lächerlich ausnehmenden Freitreppe, denkt man an Mrs. Parkington, an unbeugsame, rücksichtslose Gemüter, die dieses Land für sich beanspruchten und nun symbolisch in den steinernen Wolkenkratzern Gestalt angenommen haben, Symbole, die jedoch nicht einmal respektiert werden, da man sie immerfort abreißt. In ihrem Schatten drehen die New Yorker Schlittschuhläufer am Rockefeller Center auf einer künstlichen Eisbahn ihre Runden, während ihnen zwei Dutzend Gaffer dabei zusehen, sofern man sie überhaupt so nennen kann, denn in New York wirkt niemand wie ein Gaffer. Es herrscht ein bizarrer Gegensatz zwischen ihrer Zerbrechlichkeit, ihren anmutigen Figuren und der hoch aufragenden Masse des Rockefeller Center, des größten und schönsten Wolkenkratzers von New York.

New York ist eine erbarmungslose Stadt, in der eine wundersame, aufreizende Musik spielt, die einen nicht zur Ruhe kommen lässt. Man fährt dreißig Stockwerke hinunter, hebt die Hand, ein Taxi hält, befördert einen zehn Blocks und spuckt einen vor einem Gebäude aus, dort wird man von einem Aufzug geschluckt, wieder dreißig Stockwerke, »How do you do?«. New Yorks Herz schlägt schneller als das seiner Menschen, die es angeblich in den Herzinfarkt treibt, in Wirklichkeit aber in die Sucht. Sucht nach New York, nach seinen schnurgeraden Straßen, seinem Alkohol, seinem Geruch, seinem Rhythmus. Das Blut pocht allzu schnell in den Pulsadern dieser naiven, müden Amerikaner, die davon überzeugt sind, dass die Zeit dazu da ist, gewonnen zu werden. Zeit gewinnen, ohne zu wissen, wie man sie verliert, welch süßer Wahn! Dies führt bei ihnen glücklicherweise zu der wunderbaren Auffassung, dass Geld zum Ausgeben da ist und Gegenstände dazu da sind, nach Gebrauch weggeworfen zu werden, sei es ein Auto oder ein Papiertaschentuch. Damit geht (natürlich) auch die erschreckende Stromverschwendung einher, die es unmöglich macht, in New York mittags ein Restaurant zu finden, in dem nicht zehn Lampen gleichzeitig brennen. Man zieht die Vorhänge zu, um das unbeständige, von einer Wolke abhängige Tageslicht auszusperren, und schaltet die gute alte Elektrizität ein.

Es ist keine anheimelnde Stadt, sondern eine gierige, hektische. Kein Platz zum Flanieren. New York hat seine Götter: Tagsüber heißen sie Ordnung, Herdentrieb, Geld, Zukunft; nachts – noch immer – Geld, Alkohol, Einsamkeit. Man kann sich dieser Stadt nicht entziehen, der Reisende erträgt es nicht lange, sich in der gehetzten, gleichgültigen, dressierten Menge als Tourist, als Fremder zu fühlen.

Denn New York ist auch eine große Schule. Schließlich landen die europäischen Auswanderer zuerst in New York. Zwanzig verschiedene Rassen, aus denen es Amerikaner zu machen gilt. Die Taxifahrer sind für dieses Problem überaus repräsentativ. Sie tragen Namen wie John Dubois, Arthur Piselli, Marcus Paulus und so weiter. Und alle haben sich die höflich-derben Anreden,

das unverbindliche Lächeln, die aufrichtig gemeinte großzügige Herzlichkeit, die Gewissheit, Teil eines Ganzen zu sein, das Streben nach Angepasstheit zu eigen gemacht. Über die amerikanische Seele und ihre Komplexe wurde schon genug geredet – und mir steht es nicht zu. Aber es hat schon etwas Faszinierendes (zumal es sich hier nicht um ein Pensionat handelt), wenn man sieht, wie sich fünfzehn Personen in ein und derselben Bar auf fünfzehn ähnliche kleine Sessel an ein und denselben Tresen setzen und das Gleiche bestellen. Ebenso faszinierend ist es, in der Fifth Avenue in einer halben Stunde dreißig Hüten mit dreißig identischen Blumen darauf und dreißig strahlenden Gesichtern darunter zu begegnen, weil sie festgestellt haben, dass »die Amerikanerin schlechthin« ihren Hut trägt.

An welcher Straßenecke beginnt das Amerika, das nur sich selbst gehört? Die Erinnerungen an das *sweet old Europe* und das herbe, alte Asien lassen sich nicht so leicht aus dem Gedächtnis löschen. Auf den Gehsteigen New Yorks hüpft der Blick wie ein Kieselstein auf grauem Wasser von einem Weltufer zum anderen. Von der Avenue of the Americas stolpert man unversehens und mit kurzem Schwindel in die Gassen Neapels oder Palermos mit ihrem herzhaften Geruch nach starkem Kaffee oder in Öl Gebratenem und seinen kinderreichen Familien, quirlig wie die Menschenmengen in den chinesischen Straßen, die an der nächsten Kreuzung auf uns lauern, wo grellbunte chinesische Buchstaben verkünden, dass hier Kanton ist.

Vielleicht wird man irgendwann über die Aufmärsche des Nationalstolzes sprechen und über das triumphierende, manchmal auch peinliche Gefühl, Amerikaner zu sein. Dabei ist dieses Tür-an-Tür, dieses Grenze-an-Grenze nichts anderes als eine lange Reise von einer Sehnsucht zur anderen.

Harlem bei Nacht, das ist Musik und Lebensfreude. Von Trompeten entfesselte Raserei, Anmut von tausend Körpern im »Savoy ball room« oder sanftes Wiegen eines Rückens, eines von Melancholie gezeichneten Nackens, von der dumpfen, herzzerreißenden Melancholie des Jazz beim Anblick eines einsamen Pianisten. Fünf Männer spielen in perfektem Zusammenklang die Musik der Einsamkeit, der verrinnenden Zeit, rhythmisiert vom Hinterherkeuchen der großen Orchestertrommeln.

Dann erhebt sich die Klarinette wie eine Schlange über die anderen Reptilien des Orchesters, und wie eine Schlange vergiftet sie das Blut, das Herz, bis sich einem vor Traurigkeit der Kopf dreht. In diesem doppelten Lamento gefangene verlorene Profile, ausgedehnte Nächte in Harlem, wie könnte man euch je vergessen …

Nicht zu vergessen der Sonntag. Die Straßen sind wie ausgestorben. Aber der Central Park besteht in seinen Mauern fort wie ein Naturwunder, wie eine den poetischen Gefühlen der Sonntags-New-Yorker vorbehaltene Oase. Die Liebespaare schauen sich die Eichhörnchen an, die ihrerseits die Liebespaare nicht anschauen. Wenden sie die Augen von den Eichhörnchen ab, küssen sie sich, wie man sich überall küsst, wobei sich das Mädchen einfach über den Jungen beugt, wohl wegen des berühmten Komplexes der amerikanischen Jugend.

Bei Regen bietet der Broadway mit seinen Kinos, in denen Cowboy- und Gangsterfilme gezeigt werden, oder mit einer seiner amerikanischen, lustigen und turbulenten Operetten Zuflucht. Oder man geht die endlich menschenleere Wall Street hinunter zu den Kais, an denen die Schiffe in der Unordnung der Lager dümpeln. »Sie kommen aus aller Herren Länder.«

Irgendwann wird es dunkel. New York leuchtet auf, lehnt sich aus dem Fenster, riesig, lichterstrahlend. In den Büros erlöschen die Lichter, und die Wolkenkratzer verwandeln sich in reglose, ohnmächtige Wächter mit lächerlichen Kronen aus himmelschreiender Reklame, armselige Wächter angesichts der hereinbrechenden Nacht, die so viele Morde, leere Flaschen und Gewalt erleben wird.

Nun geht der einsame New Yorker auf die Straße hinunter, sucht eine Bar auf, stellt sich Ellbogen an Ellbogen neben andere schweigsame Männer, die das Gleiche trinken wie er und die Jukebox dieselben Songs spielen lassen.

Atemlose Nächte, von Bar zu Bar, Rhythmus zu Rhythmus, Lächeln zu Lächeln.

Im Morgengrauen werden die Taxis durch den Central Park Richtung Down Town fahren. Über dem großen Wasserbecken werden die Wolkenkratzer wie geisterhafte Gestalten aufragen, schlummernde Riesenechsen, malvenfarben und grau, die auf Nahrung warten.

Die Reifen der Taxis werden auf dem Asphalt quietschen, Schläfrigkeit wird die Augenlider schwer werden lassen. Doch schon bald wird New York aufstehen, unversehrt, von der Nacht und ihrem Durcheinander nichts ahnend, New York, riesengroß, in der Sonne strahlend und gerade wie eine Eins.

1956

Bildnachweis

S. 6/7 Françoise Sagan 1955 © Getty Images · S. 8 Françoise Sagan 1955 © Time & Life Pictures / Getty Images · S. 14/15 Françoise Sagan 1955 © Time & Life Pictures / Getty Images · S. 16 Françoise Sagan 1959 © Time & Life Pictures / Getty Images · S. 21 Neapel, Fünfzigerjahre © Mario Cattaneo · S. 26/27 Neapel 1958 © Nachlass Herbert List, Hamburg · S. 30 Françoise Sagan 1959 © Time & Life Pictures / Getty Images · S. 35 Badende auf Capri, ca. 1955 © Getty Images · S. 38/39 Einfahrt zur Blauen Grotte, Capri, 1954 © Time & Life Pictures / Getty Images · S. 46 Venedig © Neil Emmerson / Getty Images · S. 50/51 Venezianischer Gondoliere, ca. 1950 © Getty Images · S. 58 Flatiron Building und Uhr auf der 5th Avenue, ca. 1950 © Getty Images · S. 66/67 Lower Manhattan von der Brooklyn Bridge, ca. 1950 © Retrofile / Getty Images

Weitere Bücher aus dem
SchirmerGraf Verlag

Mit einem Vorwort von
Bruce Chatwin
Aus dem Englischen von
Christian Spiel
429 Seiten
€ 24,80
ISBN 978-3-86555-038-5

»›Zu Besuch bei Don Otavio. Eine mexikanische Reise‹ war 1953 Sybille Bedfords erstes Buch, der SchirmerGraf Verlag hat es im Rahmen seiner verdienstvollen Bedford-Wiederentdeckungen neu herausgebracht. Man muss sich keineswegs für Mexiko interessieren …, um dieses Buch trotzdem herzlich zu lieben.« *Eva Menasse, Süddeutsche Zeitung*

SchirmerGraf Verlag
www.schirmer-graf.de

Aus dem Englischen von
Matthias Fienbork
376 Seiten
€ 22,80
ISBN 978-3-86555-030-9

»Bedford schreibt mit leichter Hand und hellem Verstand eine elegante Prosa ... ›Treibsand‹ nennt sie ihre Erinnerungen ... Ein schönes Bild für ein turbulentes Leben, in dem man auch hätte untergehen können.« *Gabriele von Arnim, Literarische Welt*

SchirmerGraf Verlag
www.schirmer-graf.de

Aus dem Französischen
von Giò Waeckerlin
Induni
415 Seiten mit 10 Fotos
€ 22,80
ISBN 978-3-86555-049-1

»Er war Schriftsteller, Kampfflieger, Diplomat und Ehemann der Schauspielerin Jean Seberg … der Roman enthüllt das fabelhaft bunte Leben von Romain Gary selbst. Er schildert den Aufstieg eines begabten Jungen im russischen Wilna über ein Emigrantenschicksal in den Dreißigerjahren an der Côte d'Azur bis zur schillernden Karriere eines Botschafters, der Frankreich auf internationalem Parkett repräsentierte.« *Edelgard Abenstein, dradio kultur*

»Hinreißend schön!« *Elke Heidenreich, Lesen!*

SchirmerGraf Verlag
www.schirmer-graf.de